L'Autonomie :
Non merci, Papa,
je n'ai pas besoin de toi !

L'intimité :
Oui Maman, tu as raison,
c'est mon corps !

Texte : Isabelle Le Tarnec
Illustrations : Claire Touzery

Non merci, Papa,
je n'ai pas besoin de toi !

Nathan était assis par terre lorsque son père arriva dans le couloir :

— Tiens mon loulou ! Tu es là ? Mais… que fais-tu ? Tu n'arrives pas à lacer tes chaussures ?

Tête baissée, Nathan semblait se battre avec ce qu'il avait dans les mains :

— Si, si Papa ! J'y arrive ! dit-il, concentré sur ce qu'il était en train de faire.

— C'est bien, mon chéri ! Tu essaies ! déclara son père d'une voix encourageante.

Nathan s'emmêlait avec les boucles et commençait à perdre patience.

De sa voix douce, son père ajouta :

— Tu sais, mon petit cœur, ce n'est pas facile de faire les lacets. Ce n'est pas grave si tu n'y arrives pas cette fois-ci, je te l'ai déjà dit.

— Non merci, Papa, je n'ai pas besoin de toi ! affirma Nathan, les yeux fixés sur les deux cordons.

Son père s'agenouilla pour être plus près de son enfant :

— Mon chéri, je comprends que tu aies envie de faire tout seul et c'est très bien !

— Oui, je suis un grand ! s'écria Nathan. Et je veux réussir à faire mes lacets sans toi, Papa !

— Oui, tu es un grand, mon loulou ! Je le sais bien ! Et je suis déjà très fier de toi, ne l'oublie pas !

Son père poursuivit :

— Maman et moi, nous te disons souvent que tu es « autonome ». Tu te souviens ce que ça veut dire ?

— Euh… je crois… répondit Nathan. Ça veut dire que je fais de plus en plus de choses tout seul !

— C'est ça, mon chéri !

—Moi, je suis content de pouvoir faire de plus en plus de choses sans l'aide de quelqu'un ! s'exclama Nathan.

— Et c'est très bien, mon loulou ! dit son père, les yeux remplis de fierté. Grandir, c'est devenir de plus en plus autonome.

Nathan se concentra de nouveau sur ses lacets, lorsque soudain, il s'écria, agacé :

— Oh ! Mais… Mais deux fois crottes de biquette !

— Mon chéri, ne t'énerve pas avec tes lacets ! dit son père d'une voix calme. Tu sais bien que ça ne sert à rien ! Hier, tu as réussi, cela prouve que tu pourras de nouveau y arriver!

Mais son fils continuait de se battre avec ses chaussures :

— Oh ! Encore crotte de biquette ! Mais pourquoi les boucles se défont à chaque fois ? se plaignait-il. Ah, les scratchs ! C'était mille fois mieux !

— Mon loulou, si tu veux, je te remontre comment faire !

— Non merci, Papa ! Je suis « autonome » et je ne veux pas que tu m'aides !

Son père, toujours agenouillé, posa sa main sur l'épaule de son garçon et lui dit :

— Mon chéri, je vais t'expliquer quelque chose… C'est vrai qu'être autonome, c'est faire tout seul.

Mais c'est aussi savoir demander de l'aide, quand tu n'arrives pas à faire quelque chose ou quand tu te sens en difficulté.

— Quoi, Papa ? Mais moi, je ne suis plus un bébé ! rétorqua Nathan. Je sais m'habiller tout seul, je sais faire mon lit tout seul ! Je range même mes affaires sales dans les panières à linge… Et attention ! Je sais les trier en fonction des couleurs !

Alors, tu vois un peu ce que je suis capable de faire ! ajouta-t-il fièrement.

Son père sourit tendrement :

— Mon loulou, je sais bien que tu es un grand garçon ! Tu fais plein de choses.

Mais n'oublie pas que pour les apprendre, il a fallu que Maman et moi, nous te montrions les bons gestes.

— Mais Papa, je sais tout ça !

Son père continua de lui parler avec tendresse :

— Tu sais, même quand on est adulte, on continue d'apprendre !

— Comment ça, Papa ?

— Eh bien, toute la vie, on apprend à faire de nouvelles choses !

— Ah bon ? s'étonna Nathan.

— Bien sûr, mon chéri ! Et quand on est curieux comme toi, on ne s'ennuie jamais !

— Ça, c'est vrai ! confirma Nathan.

Moi, à l'école, je n'ai pas le temps de m'ennuyer !

— Cela ne m'étonne pas du tout, mon loulou ! répondit son père en riant. Je ne compte plus le nombre de questions que tu as posées depuis que tu sais parler ! Tout t'intéresse et c'est très bien !

Nathan retrouvait peu à peu son sourire. Il dit d'un ton très enthousiaste :

— Bah moi, depuis que je sais lire tout seul, j'adore découvrir de nouvelles choses ! C'est super ! Je peux même raconter des histoires à ma petite sœur. C'est trop cool !

— Et tu peux être fier de toi, mon loulou ! précisa son père, en lui passant les mains dans les cheveux. Jeanne grandit aussi grâce à toi, grâce à ton exemple ! Elle a beaucoup de chance d'avoir un grand frère et une grande sœur qui s'occupent si bien d'elle !

— Moi, j'adore aussi quand Jeanne essaie de répéter les mots que je lui dis ! On ne comprend pas toujours et c'est pour ça que c'est rigolo ! déclara Nathan, en riant.

— Oui ! Je suis d'accord avec toi, mon chéri ! En tout cas, tu remplis parfaitement bien ton rôle de grand frère ! Tu lui donnes beaucoup d'amour par tes bisous, tes câlins et tes mots doux. Et puis, lorsque tu joues avec elle, tu lui apprends aussi plein de choses.

Nathan se mit à réfléchir à voix haute :

— C'est vrai que depuis que ma petite sœur se déplace toute seule, elle est plus autonome… Mais… elle a encore beaucoup besoin de nous pour apprendre… Papa… je crois que je comprends mieux ce que tu essaies de m'expliquer depuis tout à l'heure…

— C'est vrai, mon grand ?

— Oui, Papa ! Dis, tu peux m'acheter des chaussures avec des scratchs, s'il te plaît ?

— Ah ? répondit son père surpris.

— Mais non ! C'est pour rire, Papa ! précisa Nathan avec son sourire coquin. Tu peux me remontrer comment on fait les lacets, s'il te plaît ?

— Avec plaisir, mon chéri !

Note de l'auteure
L'AUTONOMIE...

Grandir... C'est toute une aventure...

Quel parent n'a jamais entendu son enfant déclarer haut et fort : « Mais, je veux faire tout seul ! » Et ce désir, nous devons le faire vivre !
L'autonomie est un réel apprentissage, nécessitant beaucoup de temps, de patience et de persévérance, autant pour nos enfants que pour nous, les parents !

Alors, encourageons nos enfants à grandir, en ne cessant jamais de les valoriser dans ce qu'ils font et surtout dans ce qu'ils sont...

Enfin, expliquons-leur que nous continuerons d'être là pour eux, à leurs côtés pour un nouvel apprentissage ou une nouvelle découverte, toujours dans cette relation aimante et sécurisante...

Oui Maman, tu as raison,
c'est mon corps !

Marie surgit dans la cuisine presqu'en courant. Sa mère l'interpella bien vite :

— Dis donc ma chérie, je viens d'entendre Nathan rouspéter après toi ! Qu'est-ce qui s'est passé ?

— Mais je n'y suis pour rien… répondit Marie sur la défensive.

— Ma chérie, dis-moi pourquoi Nathan râlait ?

Marie regarda ses pieds et marmonna :

— J'ai ouvert la porte de la salle de bain et Nathan était tout nu.

— Ah d'accord, je comprends mieux ! déclara sa mère. Tu sais bien qu'il est important de respecter l'intimité de ton frère !

— Ce n'est pas grave, Maman ! s'écria Marie en haussant les épaules.

Sa mère s'approcha d'elle, mit la main sur son épaule et lui dit avec douceur :

— Écoute-moi bien, ma chérie : plus vous allez grandir, ton frère et toi, plus il sera important de respecter votre intimité et celle de n'importe qui d'ailleurs.

— Je sais Maman. Papa et toi, vous nous le dîtes souvent.

AAAAAHHHHHHHH
Salle
de bain

Interdit d'entrer
cause : intimité

Marie ajouta, en croisant ses bras sur sa poitrine :

— Et puis, moi aussi, je n'aime pas quand on me voit toute nue !

Sa mère hocha la tête :

— Alors, tu peux comprendre pourquoi ton frère n'était pas content tout à l'heure !

— Mais Maman, il n'avait qu'à fermer la porte à clef ! protesta Marie.

— Ton frère a prévenu dix minutes avant, qu'il allait se laver ! Tu n'as pas entendu ? demanda sa mère.

— Ah ? Bah non... dit Marie penaude. Je vais dire pardon à Nathan alors...

Elle quitta la pièce et s'excusa à travers la porte de la salle de bain. Puis elle revint deux minutes plus tard dans la cuisine.

— Maman, j'ai une question ! Quand je m'habille ou je me déshabille dans ma chambre, j'ai le droit de fermer ma porte, alors ?

— Bien sûr, ma chérie ! Et si notre porte de chambre ou celle de Nathan est fermée, n'oublie pas de frapper avant d'entrer ! C'est une marque de politesse et de respect...

— J'ai une idée, Maman ! Je vais mettre un petit panneau à ma poignée de porte pour être tranquille, quand je me déshabille et je vais écrire :

« INTERDIT D'ENTRER ! CAUSE INTIMITÉ ! »

Sa mère se mit à sourire :

— Tu peux, ma choupette ! L'essentiel, c'est que tu agisses avec Nathan comme tu aimerais qu'il agisse avec toi !

— Ah ça, aussi ! Tu nous le répètes souvent ! dit Marie, en se blottissant contre sa mère.

— Eh oui, mon petit cœur, c'est pour moi la règle d'or ! Et l'intimité de chacun doit se respecter ! ajouta sa mère en lui caressant les cheveux. Marie leva la tête pour parler à sa mère :

— Tu sais, quand mes seins vont commencer à grossir, il faudra que je les cache avec des soutiens-gorge, comme toi, Maman !

— Bien sûr, ma chérie ! Pour des petits seins, on parle de brassière ! Quand ce sera le moment, nous irons en acheter plusieurs, toutes les deux !

— Super ! Rien que nous deux ! Entre filles ! s'exclama Marie, très enthousiaste à l'idée de faire du shopping avec sa mère.

Sa mère poursuivit de sa voix douce :

— Ma chérie, il est important que tu comprennes que ton corps t'appartient. Il est à toi !

— Oui, Maman ! J'ai compris ! s'écria Marie en prenant les mains de sa mère, pour l'inviter à s'asseoir. Elle aimait beaucoup discuter avec elle, c'est comme ça qu'elle comprenait mieux les choses. Assises l'une à côté de l'autre, elles se regardaient avec beaucoup d'amour. Marie ajouta alors d'un ton affirmé :

— Tu as raison, Maman ! C'est mon corps !

— Ton devoir, ma chérie, c'est de le respecter en prenant soin de lui. Et comme je t'ai déjà dit, les personnes autour de toi doivent le respecter aussi !

— Je m'en souviens, Maman !

— Tu sais, lorsque tu étais un bébé, puis une toute petite fille, Papa ou moi, nous te lavions tout le corps, ainsi que « les parties intimes », car…

Marie interrompit sa mère, tellement pressée de donner ses propres explications :

— Attends Maman, c'était normal ! Je n'étais pas assez grande pour bien me laver les fesses et «la zezette» ! Je n'étais pas encore AU-TO-NO-ME ! dit-elle, en prenant le soin de bien articuler ce mot, tant elle était fière d'accomplir de nombreuses choses toute seule maintenant.

Sa mère approuva, puis compléta ses propos :
— Oui, ma chérie et à partir d'un certain âge, cela n'est plus normal qu'un adulte continue de laver un enfant, sauf si celui-ci est malade par exemple et qu'il ne peut pas le faire lui-même bien évidemment.
Très attentive, Marie se leva de sa chaise pour dire ce qu'elle pensait de tout cela :
— Oui, Maman ! Je suis grande pour me laver toute seule et j'ai compris qu'il n'y a que moi qui ai le droit de toucher «mon intimité du corps» !
— Tout à fait ma chérie, pour te laver ou pour te découvrir et toujours dans un moment d'intimité avec toi-même ! précisa sa mère.
— Je sais, Maman ! Je peux quand je suis toute seule ! dit Marie en s'asseyant de nouveau à côté de sa mère. Cette dernière poursuivit :
— Et c'est normal que tu aies envie d'explorer ton corps. Tu as besoin de vérifier que tu es bien une fille et non un garçon.
— Moi, j'ai une zezette ! s'exclama Marie.
— Oui, ma choupette ! Ton corps n'appartient qu'à toi ! Et personne, enfant ou adulte, n'a le droit de t'obliger à faire quelque chose avec ton corps dont tu n'aurais pas envie !
— Bah, ça, c'est sûr ! affirma Marie qui hocha la tête durant quelques secondes.

Marie réfléchit encore :

— Moi, je suis une fille comme toi, ma petite maman chérie ! dit-elle en embrassant sa mère sur la joue.

Et quand je serai grande, si mon amoureux est d'accord, je pourrai avoir un bébé dans mon ventre ! Comme toi ! Y'a que les dames qui peuvent le faire !

— Oui, ma chérie ! Ce qui est sûr, c'est que tu es née «fille» et Nathan est né «garçon» ! Et plus tu vas grandir, plus tu vas t'approprier ton corps de fille.

Marie se leva et tourna sur elle-même pour faire bouger les volants de sa robe. Elle remua ensuite la tête et ajouta sur un ton très fier :

Moi, mes couettes volent quand je danse ! Et puis, j'ai une jolie robe violette. En plus, j'adore mettre des bijoux ! Je peux même me maquiller !

Sa mère fronça alors les sourcils. Marie précisa immédiatement :

— J'veux dire quand je me déguise !

— Ah d'accord ! répondit sa mère en souriant. Il va falloir que tu attendes encore quelques années, avant d'avoir le droit de te maquiller pour aller à l'école, ma chérie !

— Oh ! J'ai bien compris, Maman ! Pour l'instant, j'adore jouer avec mes poupées... et mes voitures ! précisa Marie qui savait que tous les jouets sont mixtes. En tout cas, moi, quand je serai encore plus grande, je pourrai me mettre du rouge à lèvres comme toi et porter des talons avec une robe !

— Oui, ma choupette !

Sa mère ajouta :

— Tu es une fille pour toujours !

Cette remarque fit sourire Marie qui pensa à quelque chose :

— Dis, Maman, tu te souviens, quand mon frère était petit, il agrippait souvent son zizi ?

— Oui, je m'en souviens bien ! Même très bien !

— Et à chaque fois, tu lui disais :

«Laisse ton zizi, Nathan ! Ne t'inquiète pas, il ne va pas tomber ! Il est à toi pour toute la vie ! »

— C'est vrai, ma chérie ! Parfois le petit garçon a peur que son zizi tombe tout seul. Et tu sais pourquoi ? demanda sa mère.

— Euh… non… répondit Marie.

— Eh bien, le petit garçon se rend compte que la petite fille, elle, n'a pas de zizi. Alors, il se demande si elle ne l'a pas déjà perdu !

— Ah d'accord !

Sa mère poursuivit :

— Il est donc important que le parent rassure son petit garçon sur le fait que son zizi ne tombera jamais, car il est né « garçon. »

— Bah oui ! répondit Marie. Il ne va pas perdre son zizi en route ! Ce n'est pas possible !

Sur le ton de la confidence, elle murmura :

— Tu sais Maman, parfois, ça me plairait d'avoir un zizi comme les garçons…

Sa mère ne fut pas étonnée par cette remarque :

— Je comprends, ma chérie ! Beaucoup de petites filles ont déjà pensé ça ! Et c'est normal !

— C'est vrai, Maman ? s'écria Marie, surprise.

— Bien sûr, ma choupette !

Marie continua sur son idée :

—En tout cas, Nathan, il a de la chance, car lui, il peut faire pipi partout, alors que nous les filles, c'est plus compliqué !

— Euh… « partout» ? Tu es sûre, ma chérie ? Ça risque d'être embêtant !

— Maman ! s'exclama Marie. Je veux dire que les gars peuvent faire pipi debout contre un arbre !

— J'avais bien compris, ma princesse ! Je te taquinais ! ajouta sa mère un grand sourire aux lèvres.

Note de l'auteure
L'INTIMITÉ

Oui, je suis la maman d'un garçon et d'une fille, nés jumeaux ! Alors, la question de l'intimité s'est posée rapidement au sein de notre famille !
Vers l'âge de deux ans et demi, trois ans, Marie et Nathan ont compris leur différence, puisqu'en miroir, ils voyaient bien qu'un zizi ne ressemblait pas à une zezette ! Par la découverte anatomique de leur propre sexe, ils ont apprivoisé peu à peu leurs corps de petite fille et de petit garçon !

Ainsi, notre travail de parents n'est-il pas d'amener nos enfants à comprendre et à assimiler cette différence, afin qu'ils s'approprient leur identité sexuelle ? N'avons-nous pas un rôle important à jouer dans leur construction identitaire ?

Puis, par une approche simple de la question de l'intimité, accompagnons-les vers le respect de leur propre corps et celui d'autrui...
Vers cette belle «pudeur» qui nous lie les uns aux autres...
Vers cette belle «pudeur» qui nous permet de considérer autrui comme un sujet unique et digne de respect...

41532667R00023

Printed in Poland
by Amazon Fulfillment
Poland Sp. z o.o., Wrocław